# Cementerios de dinosaurios en Asia

Grace Hansen

Abdo Kids Jumbo es una subdivisión de Abdo Kids
abdobooks.com

**abdobooks.com**

Published by Abdo Kids, a division of ABDO, P.O. Box 398166, Minneapolis, Minnesota 55439.

Abdo Kids Jumbo™ is a trademark and logo of Abdo Kids.

Printed in the United States of America, North Mankato, Minnesota.

052022

092022

Spanish Translator: Maria Puchol

Photo Credits: Alamy, Getty Images, iStock, Science Source, Shutterstock, ©Durbed p11 / CC BY-SA 3.0, ©Shutterstock PREMIER p.21

Production Contributors: Teddy Borth, Jennie Forsberg, Grace Hansen
Design Contributors: Candice Keimig, Pakou Moua

Library of Congress Control Number: 2021951630

Publisher's Cataloging-in-Publication Data

Names: Hansen, Grace, author.

Title: Cementerios de dinosaurios en Asia/ by Grace Hansen.

Other title: Dinosaur graveyards in Asia. Spanish

Description: Minneapolis, Minnesota: Abdo Kids, 2023. | Series: Cementerios de dinosaurios

Identifiers: ISBN 9781098263430 (lib.bdg.) | ISBN 9781098263997 (ebook)

Subjects: LCSH: Dinosaurs--Juvenile literature. | Fossils--Juvenile literature. | Asia--Juvenile literature. | Paleontology--Juvenile literature | Paleontological excavations--Juvenile literature. | Spanish language materials--Juvenile literature.

Classification: DDC 567--dc23

# Contenido

## Dinosaurios de Asia

Los dinosaurios vivieron hace aproximadamente entre 245 y 66 millones de años. Tras la muerte de un dinosaurio sus restos podían convertirse en fósiles. ¡En perfectas condiciones este proceso tarda más de 10 000 años!

Hay fósiles de dinosaurios en todos los continentes, incluida Asia. Se encuentran normalmente en **formaciones rocosas**. ¡Algunas formaciones conservan más fósiles que otras!

Europa
Asia
África

## Formación Shishugou

La formación Shishugou está en el noroeste de China. Se la conoce por tener fósiles de finales del período Jurásico. Aquí se descubrieron restos de un saurópodo grande.

Mamenchisaurus
• Saurópodo
• De finales del Jurásico a principios del Cretácico
• Herbívoro
• Tan largo como 2 autobuses
formación Shishugou
China
esqueleto de Mamenchisaurus

También se encontraron allí terópodos. Los primeros restos de un Sinraptor se descubrieron en 1987. Unos años más tarde se encontraron restos de la especie Guanlong.

## Sinraptor

- Terópodo
- De mediados a finales del Jurásico
- Carnívoro
- Significa "ladrón chino"

## Guanlong

- Terópodo
- Finales del Jurásico
- Carnívoro
- Conocido por su original cresta en la cabeza

## Formación Djadochta

La formación Djadochta en Mongolia es especial. Aquí se descubrió la primera **nidada** de huevos de dinosaurios. Es muy probable que los huevos pertenecieran a un Oviraptor.

Mongolia

## Oviraptor

- Terópodo pequeño
- Finales del Cretácico
- Omnívoro
- Significa "ladrón de huevos"

Los primeros fósiles de Protoceratops se encontraron en esta formación. ¡Hay restos que muestran una posible lucha con un Velociraptor! Muy probablemente murieron en una avalancha de tierras.

## Protoceratops

- Ceratópsido
- Finales del Cretácico
- Herbívoro
- Del tamaño de una cabra

## Velociraptor

- Terópodo pequeño
- Finales del Cretácico
- Carnívoro
- Con muchos dientes puntiagudos y afilados

## Formación Kitadani

Gracias a esta formación se conoce al Fukuiraptor. Probablemente fue el **depredador** más grande de la zona en aquella época.

## Fukuiraptor

- Terópodo
- Principios del Cretácico
- Carnívoro
- Tan largo como un Toyota Camry

## Formación Udurchukan

Hasta 1999 el Olorotitan estuvo enterrado en esta formación en el extremo oriental de Rusia. ¡Llegó a medir 40 pies de largo (12 metros)! Tenía una **cresta** en la cabeza en forma de abanico.

Rusia
formación Udurchukan
Olorotitan
• Ornitópodo
• Finales del Cretácico
• Herbívoro
• Significa "cisne gigante"
cráneo de Olorotitan

## Formación Lameta

La formación Lameta está en el centro de la India. ¡Aquí se han dado increíbles descubrimientos de fósiles!

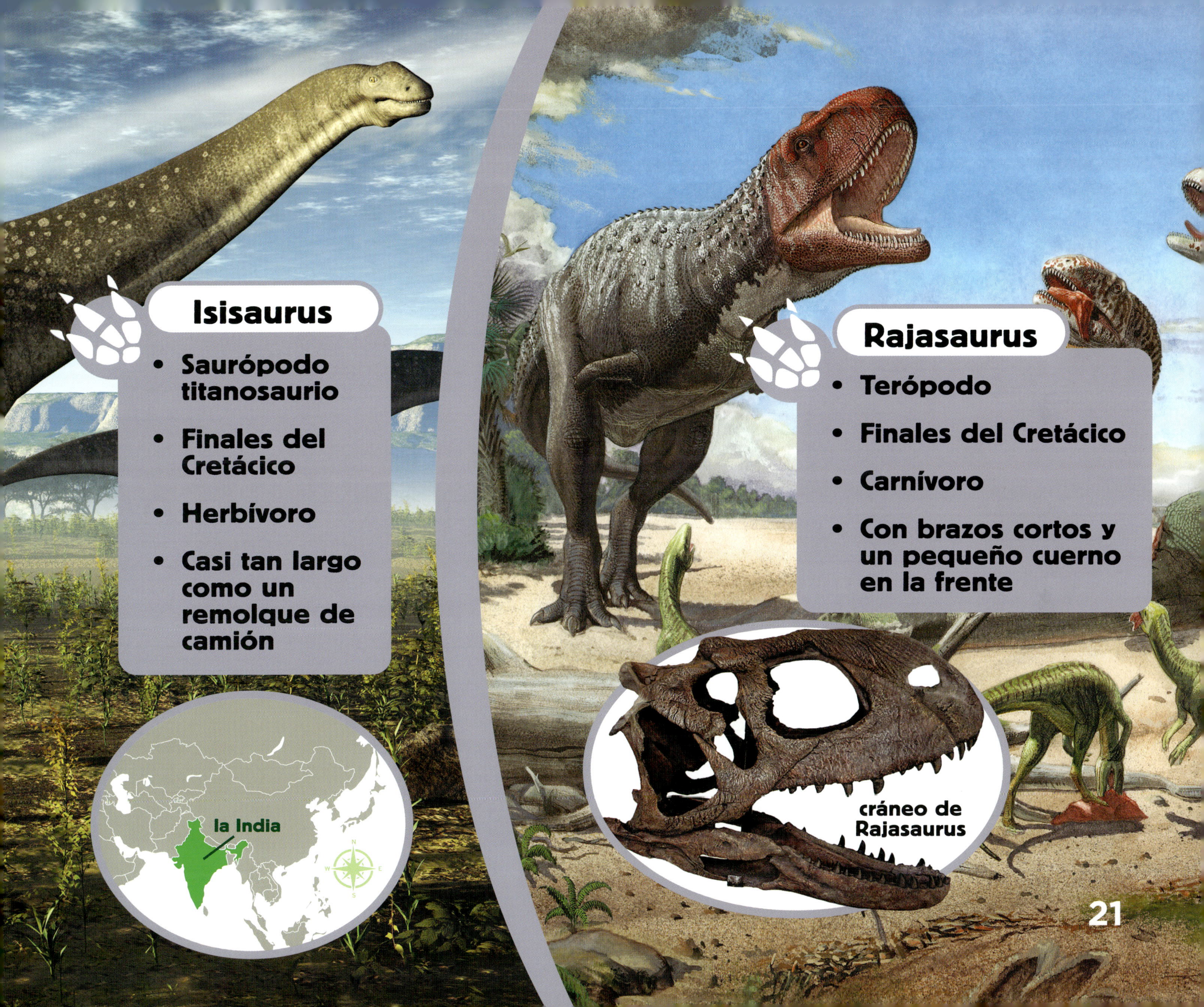


## Isisaurus

- Saurópodo titanosaurio
- Finales del Cretácico
- Herbívoro
- Casi tan largo como un remolque de camión

## Rajasaurus

- Terópodo
- Finales del Cretácico
- Carnívoro
- Con brazos cortos y un pequeño cuerno en la frente

cráneo de Rajasaurus

# Grupos principales de dinosaurios

**Anquilosáuridos**
- Cuadrúpedos
- Herbívoros
- Fuertemente acorazados
- Cuerpo con forma de tanque
- Algunos con cola de garrote

**Ceratópsidos**
- Cuadrúpedos
- Herbívoros
- Cuernos largos
- Picos puntiagudos
- De constitución fuerte
- Con enormes cráneos

## Ornitisquios

**Ornitópodos**
- Bípedos
- Herbívoros
- Con pico
- Con muelas

**Estegosáurido**
- Cuadrúpedos
- Herbívoros
- Con cabeza pequeña
- Con placas óseas pesadas y púas en la columna y la cola

**Saurópodos**
- Cuadrúpedos
- Herbívoros
- Muy grandes
- Con cuello y cola largas
- Cabeza pequeña

## Saurisquios

**Terópodos**
- Bípedos
- Carnívoros y omnívoros
- Variedad en tamaño: De pequeños y frágiles a muy grandes
- Con brazos cortos

# Glosario

**carnívoro** – animal que se alimenta de otros animales.

**cresta** – grupo de plumas levantadas de hueso o de pelo, en la cabeza de algunos animales.

**depredador** – animal que caza otros animales para alimentarse.

**formación rocosa** – conjunto importante de rocas con unas características físicas que lo diferencian de otras formaciones cercanas.

**herbívoro** – animal que se alimenta únicamente de plantas.

**nidada** – nido lleno de huevos.

**omnívoro** – animal que se alimenta de plantas y de otros animales.

# Índice

¡Visita nuestra página **abdokids.com** para tener acceso a juegos, manualidades, videos y mucho más!

*Los recursos de internet están en inglés.*

Usa este código Abdo Kids

**DDK9452**

¡o escanea este código QR!